Wie man im College erfolgreich ist

Eine Schritt-für-Schritt-Anleitung zum Erreichen akademischer und beruflicher Ziele

Monica Robinson

INHALTSVERZEICHNIS

Einführung

Zweck des Buches

Willkommen bei „So gelingt Ihr Studium: Eine Schritt-für-Schritt-Anleitung zum Erreichen akademischer und beruflicher Ziele." Der Zweck dieses Buches besteht darin, Ihnen praktische Ratschläge, Strategien und Werkzeuge an die Hand zu geben, die Ihnen helfen, den oft herausfordernden Weg des Universitäts Lebens zu meistern. Um im College erfolgreich zu sein, geht es nicht nur darum, gute Noten zu bekommen. Es geht darum, die Fähigkeiten und die Denkweise zu entwickeln, die für den akademischen Erfolg und die Vorbereitung auf eine erfolgreiche Karriere erforderlich sind. Das College ist eine Zeit des Wandels, und wenn man das Beste daraus macht, kann man den Grundstein für eine erfüllende und erfolgreiche Zukunft legen.

Dieses Buch soll Ihnen dabei helfen, die verschiedenen Herausforderungen zu meistern, denen Sie im Studium gegenüberstehen könnten, von der effektiven Zeiteinteilung und dem erfolgreichen Abschluss Ihres Studiums bis hin zum Aufbau eines beruflichen Netzwerks und dem Sammeln relevanter Erfahrungen. Wenn Sie die bereitgestellten Schritt-für-Schritt-Anleitungen befolgen, sind Sie besser gerüstet, um Ihre akademischen und beruflichen Ziele zu erreichen.

Für wen dieses Buch gedacht ist

Dieses Buch richtet sich an einen breiten Leserkreis:

Abiturienten: Wenn Sie sich auf den Hoch Schuleintritt vorbereiten, verschafft Ihnen dieses Buch einen Vorsprung darüber, was Sie erwartet und wie Sie sich auf den Übergang vorbereiten können.

Studienanfänger: Zu Beginn Ihrer Studienreise hilft Ihnen dieser Leitfaden dabei, die anfänglichen Herausforderungen zu meistern und eine solide Grundlage für den Erfolg zu schaffen.

Aktuelle College-Studenten: Egal, ob Sie im zweiten Jahr, im Junior- oder Senior-Studium sind, Sie werden wertvolle Einblicke und Strategien finden, um Ihre akademischen Leistungen und Ihre Karriere Bereitschaft zu verbessern.

Eltern und Erzieher: Für diejenigen, die Studierende unterstützen, bietet dieses Buch Einblicke und Ratschläge, um sie während ihrer gesamten College-Erfahrung zu begleiten und zu ermutigen.

So verwenden Sie dieses Buch

Um den größtmöglichen Nutzen aus diesem Buch zu ziehen, ist es wichtig, seine Struktur zu verstehen und zu verstehen, wie Sie es effektiv nutzen können. Das Buch ist in drei Hauptteile gegliedert, die sich jeweils auf einen entscheidenden Aspekt des Hochschul Erfolgs konzentrieren:

Vorbereitung auf den College-Erfolg: In diesem Abschnitt geht es darum, Ziele zu setzen, Ihren Studienweg zu planen und Zeitmanagement- und Organisationsfähigkeiten zu beherrschen. Es legt den Grundstein für eine erfolgreiche College-Erfahrung.

Akademisch hervorragend: Hier finden Sie Strategien für effektives Lernen, die Nutzung von Campus-Ressourcen und die Bewältigung von Kursarbeiten und Prüfungen. Dieser Teil zielt darauf ab, Ihre akademischen Leistungen zu steigern und Ihnen beim Erreichen Ihrer akademischen Ziele zu helfen.

Aufbau eines Karriereweges: Dieser Abschnitt konzentriert sich auf das Sammeln relevanter Erfahrungen, Networking, berufliche

Weiterentwicklung und die Vorbereitung auf das Leben nach dem College. Es soll Ihnen den Übergang vom College in eine erfolgreiche Karriere erleichtern.

Jedes Kapitel in diesen Abschnitten bietet Schritt-für-Schritt-Anleitungen, praktische Tipps und Beispiele aus der Praxis, die Ihnen helfen, die besprochenen Strategien zu verstehen und umzusetzen. Um den Nutzen jedes Kapitels zu maximieren:

Aktiv lesen: Machen Sie sich Notizen, heben Sie wichtige Punkte hervor und überlegen Sie, wie sich die Ratschläge auf Ihre eigene Situation übertragen lassen.

Üben Sie regelmäßig: Setzen Sie die Strategien und Tipps nach und nach um. Die praktische Anwendung wird Ihr Lernen verstärken.

Nutzen Sie die bereitgestellten Tools: Nutzen Sie die in den Anhängen enthaltenen

Arbeitsblätter, Vorlagen und zusätzlichen Ressourcen, um Ihre Reise zu unterstützen.

Bleiben Sie offen und flexibel: Passen Sie die Beratung an Ihre individuellen Bedürfnisse und Umstände an. Das College ist eine persönliche Reise, und was für den einen funktioniert, muss möglicherweise für den anderen angepasst werden.

Wenn Sie sich umfassend mit diesem Buch beschäftigen, sind Sie auf dem besten Weg, nicht nur im Studium erfolgreich zu sein, sondern auch die Voraussetzungen für eine glänzende und erfolgreiche Zukunft zu schaffen. Lassen Sie uns diese Reise gemeinsam beginnen und Sie mit dem Wissen und den Werkzeugen ausstatten, mit denen Sie Ihre akademischen und beruflichen Ziele erreichen können.

Teil 1: Vorbereitung auf den College-Erfolg

Kapitel 1: Setzen Sie Ihre Ziele

Das Setzen klarer und erreichbarer Ziele ist der erste Schritt zum Erfolg im Studium. Ziele geben Ihnen Orientierung, Motivation und einen Sinn für das Ziel. In diesem Kapitel erfahren Sie, wie Sie Ihre Ziele identifizieren, ein Vision Board zur Visualisierung Ihres Erfolgs erstellen und das SMART-Ziele-Framework verwenden, um Ihre Ziele effektiver zu gestalten.

Identifizieren Sie Ihre Ziele

Kurzfristige vs. langfristige Ziele

Bei der Zielsetzung ist es wichtig, zwischen kurzfristigen und langfristigen Zielen zu unterscheiden.

Kurzfristige Ziele sind die Aufgaben und Ziele, die Sie in naher Zukunft erreichen möchten, beispielsweise innerhalb einer Woche, eines Monats oder eines Semesters. Beispiele hierfür sind das Erledigen einer Hausaufgabe, das Lernen für eine Prüfung oder der Beitritt zu einem Club.

Langfristige Ziele sind umfassender und umfangreicher und es dauert oft ein Jahr oder länger, bis sie erreicht werden. Dazu können ein Abschluss mit Auszeichnung, die Sicherung eines Praktikums oder die Vorbereitung auf eine bestimmte Karriere gehören.

Indem Sie beide Arten von Zielen festlegen, können Sie eine Roadmap erstellen, die Ihr tägliches Handeln leitet und Sie gleichzeitig auf Ihre größeren Ziele konzentriert.

Akademische, persönliche und berufliche Ziele

Ihre Ziele sollten verschiedene Aspekte Ihres Lebens umfassen:

Akademische Ziele: Diese beziehen sich auf Ihr Studium und Ihre Studienleistungen. Beispiele hierfür sind das Einhalten eines bestimmten Notendurchschnitts, die Bewältigung eines anspruchsvollen Fachs oder der fristgerechte Abschluss Ihres Studiums.

Persönliche Ziele: Dabei geht es um Ihre persönliche Weiterentwicklung und Ihr Wohlbefinden. Beispiele hierfür sind die Verbesserung von Zeitmanagement Fähigkeiten, die Aufrechterhaltung eines gesunden

Lebensstils oder der Aufbau sinnvoller Beziehungen.

Karriereziele: Diese konzentrieren sich auf Ihr zukünftiges Berufsleben. Beispiele hierfür sind der Erwerb einschlägiger Berufserfahrung, die Entwicklung beruflicher Fähigkeiten oder die Vernetzung mit Branchenexperten.

Durch die Festlegung von Zielen in diesen drei Bereichen stellen Sie einen ausgewogenen und umfassenden Ansatz für Ihre College-Erfahrung sicher.

Erstellen eines Vision Boards

Erfolg visualisieren

Ein Vision Board ist ein leistungsstarkes Tool, das Ihnen hilft, Ihre Ziele zu visualisieren und sie im Kopf zu behalten. Es ist eine visuelle Darstellung dessen, was Sie erreichen möchten, und kann als ständige Erinnerung daran dienen, konzentriert und motiviert zu bleiben.

Tools und Ressourcen zum Erstellen von Vision Boards

Das Erstellen eines Vision Boards ist ein unterhaltsamer und kreativer Prozess. So können Sie loslegen:

Vorräte sammeln: Sie benötigen eine Tafel (Pinnwand, Postertafel oder eine digitale Leinwand), Zeitschriften, Scheren, Kleber, Marker und alle anderen Dekorationsgegenstände, die Sie mögen.

Sammeln Sie Bilder und Wörter: Suchen Sie nach Bildern, Zitaten und Wörtern, die Ihre Ziele und Wünsche repräsentieren. Diese können aus Zeitschriften, Online-Ressourcen oder Ihren eigenen Zeichnungen und Schriften stammen.

Ordnen und zusammenbauen: Ordnen Sie Ihre gesammelten Gegenstände auf der Tafel so an, wie es für Sie sinnvoll ist. Gruppieren Sie ähnliche Ziele oder erstellen Sie Abschnitte für akademische, persönliche und berufliche Ziele.

Zeigen Sie Ihr Vision Board an: Platzieren Sie Ihr Vision Board an einem Ort, an dem Sie es täglich sehen, z. B. in Ihrem Schlafzimmer, Arbeitszimmer oder als Computerhintergrund.

Ein Vision Board hilft Ihnen nicht nur, Ihre Ziele zu visualisieren, sondern inspiriert Sie auch und motiviert Sie, diese zu erreichen.

SMART Goals Framework

Um Ihre Ziele effektiver zu gestalten, verwenden Sie das SMART-Framework. SMART steht für Specific, Measurable, Achievable, Relevant und Time-bound. Lassen Sie uns jede Komponente aufschlüsseln:

Spezifisch: Ihr Ziel sollte klar und spezifisch sein. Anstatt zu sagen: „Ich möchte in meinen

Kursen gut abschneiden", geben Sie an: „Ich möchte dieses Semester mindestens einen Notendurchschnitt von 3,5 erreichen."

Messbar: Legen Sie fest, wie Sie Ihren Fortschritt messen und erfahren, wann Sie Ihr Ziel erreicht haben. Zum Beispiel: „Ich verfolge meine Noten und stelle sicher, dass ich bei allen Aufgaben und Prüfungen eine Punktzahl von über 85 % erreicht."

Erreichbar: Setzen Sie sich realistische Ziele, die Sie mit Aufwand und Ressourcen erreichen können. Wenn Sie derzeit mit einem Fach Schwierigkeiten haben, versuchen Sie, Ihre Note schrittweise zu verbessern, anstatt sofort eine perfekte Punktzahl zu erwarten.

Relevant: Stellen Sie sicher, dass Ihr Ziel mit Ihren umfassenderen Zielen und Werten übereinstimmt. Fragen Sie sich: „Hilft mir dieses Ziel, meine akademischen und beruflichen Ziele zu erreichen?"

Zeit gebunden: Legen Sie eine Frist für Ihr Ziel fest. Dies erzeugt ein Gefühl der Dringlichkeit und hilft Ihnen, auf dem richtigen Weg zu bleiben. Zum Beispiel: „Ich werde bis zum Ende des Semesters einen Notendurchschnitt von 3,5 erreichen."

Durch die Anwendung des SMART-Frameworks können Sie vage Wünsche in konkrete, umsetzbare Pläne umwandeln.

Wir Ich habe untersucht, wie wichtig es ist, Ziele zu setzen, zwischen kurzfristigen und langfristigen Zielen zu unterscheiden und akademische, persönliche und berufliche Ziele zu berücksichtigen. Wir haben auch untersucht, wie die Erstellung eines Vision Boards Ihnen dabei helfen kann, Erfolge zu visualisieren, und wie das SMART-Framework Ihre Ziele effektiver machen kann. Mit diesen Tools sind Sie auf dem besten Weg, sich auf den Studienerfolg vorzubereiten.

Kapitel 2: Planen Sie Ihre Studienreise

Die Planung Ihrer Studienreise ist entscheidend, um den Grundstein für Ihren Erfolg zu legen. Dieses Kapitel führt Sie durch die Recherche von Hochschulen und Programmen, das Verständnis der Hochschulanforderungen und die Erstellung eines umfassenden Hochschulplans.

Recherche zu Hochschulen und Programmen

Auswahl der richtigen Hochschule und des richtigen Hauptfachs

Die Auswahl der richtigen Hochschule und des richtigen Hauptfachs ist eine wichtige Entscheidung, die sich auf Ihren akademischen und beruflichen Werdegang auswirken kann. Hier sind einige Schritte, die Ihnen helfen sollen, eine fundierte Entscheidung zu treffen:

Identifizieren Sie Ihre Interessen und Stärken: Denken Sie über Themen und Aktivitäten nach, die Ihnen Spaß machen und in denen Sie hervorragende Leistungen erbringen. Überlegen Sie, wie diese Interessen mit potenziellen Hauptfächern und Karrierewegen übereinstimmen.

Forschung Hochschulen: Suchen Sie nach Hochschulen, die starke Programme in Ihren Interessengebieten anbieten. Berücksichtigen Sie Faktoren wie Standort, Campus Größe, Verhältnis von Studenten zu Fakultät und Campus-Kultur.

Besuchen Sie die Campusse: Wenn möglich, besuchen Sie Campusgelände, um ein Gefühl für die Umgebung zu bekommen. Nehmen Sie an Informationsveranstaltungen teil, nehmen Sie an Campus Führungen teil und sprechen Sie mit aktuellen Studierenden und Lehrkräften.

Programme vergleichen: Bewerten Sie die akademischen Programme, die von verschiedenen Hochschulen angeboten werden. Schauen Sie sich Kursangebote, Fakultäten, Qualifikationen, Forschungsmöglichkeiten und Praktikumsplätze an.

Berücksichtigen Sie die beruflichen Ergebnisse: Informieren Sie sich über die Karriere, Dienstleistungen und Stellen Vermittlungsquoten der Hochschulen, die Sie in Betracht ziehen. Informieren Sie sich über Alumni-Netzwerke und den Erfolg von Absolventen in Ihrem gewählten Fachgebiet.

Bewertung von Hochschul Programmen und Campus Ressourcen

Es ist wichtig, die Qualität und die Unterstützungsleistungen der Programme zu bewerten, an denen Sie interessiert sind:

Akademische Unterstützung: Untersuchen Sie die Verfügbarkeit von Nachhilfezentren, Schülerlaboren und akademische Beratung.

Bibliotheken und Forschungseinrichtungen: Stellen Sie sicher, dass die Hochschule über gut ausgestattete Bibliotheken und Forschungseinrichtungen verfügt, die Ihren akademischen Anforderungen gerecht werden.

Außerschulische Möglichkeiten: Informieren Sie sich über Clubs, Organisationen und außerschulische Aktivitäten, die Ihren Interessen entsprechen und Möglichkeiten zur persönlichen Weiterentwicklung bieten.

Studenten Service: Bewerten Sie die Verfügbarkeit von Gesundheitsdiensten, Beratung, Karriere Diensten und anderen Unterstützungssystemen.

College-Anforderungen verstehen

Zulassungsvoraussetzungen

Das Verständnis der Zulassungsvoraussetzungen ist von entscheidender Bedeutung, um sicherzustellen, dass Sie die Kriterien der Hochschulen erfüllen, an denen Sie sich bewerben:

Akademische Anforderungen: Kennen Sie den Mindest-GPA, die standardisierten Testergebnisse (SAT, ACT) und die erforderlichen High-School-Kurse.

Bewerbungsunterlagen: Bereiten Sie sich auf den Bewerbungsprozess vor, indem Sie Zeugnisse, Empfehlungsschreiben, persönliche Stellungnahmen und alle anderen erforderlichen Dokumente zusammentragen.

Fristen: Behalten Sie die Bewerbungsfristen für jede Hochschule im Auge, einschließlich frühzeitiger Entscheidungen, frühzeitiger Maßnahmen und regulärer Entscheidungsfristen.

Finanzielle Unterstützung und Stipendien

Die Finanzierung Ihrer Hochschulausbildung ist ein wichtiger Aspekt. So navigieren Sie zu Finanzhilfen und Stipendien:

FAFSA: Füllen Sie den kostenlosen Antrag auf staatliche Studienbeihilfe (FAFSA) aus, um festzustellen, ob Sie Anspruch auf staatliche finanzielle Unterstützung haben, einschließlich Zuschüssen, Darlehen und Arbeits-Studienprogrammen.

Stipendien: Recherchieren Sie und bewerben Sie sich um Stipendien, die von Hochschulen, privaten Organisationen und Gemeindegruppen angeboten werden. Stipendien können leistungsorientiert, bedarfsorientiert oder spezifisch für bestimmte Studienbereiche oder demografische Merkmale sein.

Finanzielle Hilfspakete: Machen Sie sich mit den finanziellen Hilfspaketen vertraut, die von verschiedenen Hochschulen angeboten werden. Vergleichen Sie die Nettokosten der Teilnahme nach Berücksichtigung von Zuschüssen, Stipendien und Darlehen.

Erstellen eines College-Plans

Akademische Planung und Kursauswahl

Eine effektive akademische Planung hilft Ihnen, auf dem richtigen Weg zu bleiben, um Ihre Ziele zu erreichen:

Abschlussvoraussetzungen: Machen Sie sich mit den Abschlussvoraussetzungen für Ihr gewähltes Hauptfach vertraut. Kennen Sie die erforderlichen Kurse, Wahlmöglichkeiten und etwaigen Voraussetzungen.

Kursauswahl: Planen Sie Ihren Kursplan für jedes Semester und gleichen Sie die erforderlichen Kurse mit den Wahlfächern ab. Lassen Sie sich von Studienberatern beraten, um sicherzustellen, dass Sie die Abschluss Anforderungen erfüllen.

Lerngewohnheiten: Entwickeln Sie effektive Lerngewohnheiten und Zeitmanagement-Fähigkeiten. Erstellen Sie einen Lernplan, der regelmäßige Wiederholung, Sitzungen und Pausen umfasst.

Akademisches Lernen mit außerschulischen Aktivitäten in Einklang bringen

Die Teilnahme an außerschulischen Aktivitäten kann Ihre Studienerfahrung und Ihre persönliche Entwicklung verbessern:

Priorisieren: Identifizieren Sie Aktivitäten, die Ihren Interessen und Karrierezielen entsprechen.

Priorisieren Sie diejenigen, die wertvolle Erfahrungen und Wachstumschancen bieten.

Zeiteinteilung: Bringen Sie Ihre akademischen Verpflichtungen mit außerschulischen Verpflichtungen in Einklang. Nutzen Sie Planer und digitale Tools, um Ihren Zeitplan zu organisieren und Überlastungen zu vermeiden.

Engagement: Engagieren Sie sich in Vereinen, Organisationen, bei ehrenamtlicher Arbeit oder bei Nebenjobs. Diese Erfahrungen können Ihnen dabei helfen, Führungsqualitäten zu entwickeln, ein Netzwerk aufzubauen und Ihren Lebenslauf zu verbessern.

Selbstpflege: Sorgen Sie für ein gesundes Gleichgewicht zwischen akademischen Aktivitäten, außerschulischen Aktivitäten und persönlichem Wohlbefinden. Stellen Sie sicher, dass Sie Zeit für Entspannung, Geselligkeit und Selbstfürsorge haben.

Wir Wir haben die wesentlichen Schritte zur Planung Ihrer Studienreise behandelt, von der Recherche nach Hochschulen und Programmen über das Verständnis der Zulassungsvoraussetzungen und der finanziellen Unterstützung bis hin zur Erstellung eines ausgewogenen akademischen Plans. Wenn Sie diese Schritte unternehmen, sind Sie gut darauf vorbereitet, fundierte Entscheidungen zu treffen und sich auf den Erfolg im Studium vorzubereiten.

Kapitel 3: Zeitmanagement und Organisation

Effektives Zeitmanagement und Organisation sind entscheidende Fähigkeiten für den Erfolg im Studium. Durch die Beherrschung dieser Fähigkeiten können Sie Ihre akademische Verantwortung mit persönlichen Aktivitäten in Einklang bringen, Stress reduzieren und Ihre Ziele erreichen. In diesem Kapitel besprechen wir die Bedeutung des Zeitmanagements, erkunden verschiedene Techniken und stellen Strategien vor, um organisiert zu bleiben.

Bedeutung des Zeitmanagements

Vorteile eines effektiven Zeitmanagements

Ein effektives Zeitmanagement bietet zahlreiche Vorteile, die Ihre Studienerfahrung verbessern können:

Verbesserte akademische Leistung: Indem Sie ausreichend Zeit für das Lernen, den Besuch von Kursen und das Erledigen von Aufgaben einplanen, können Sie Ihr Verständnis des Kernmaterials verbessern und bessere Noten erzielen.

Reduzierter Stress: Eine gute Zeiteinteilung trägt dazu bei, Last-Minute-Pauken und Hetze zu vermeiden, was Stress und Ängste reduzieren kann.

Erhöhte Produktivität: Durch effizientes Zeitmanagement können Sie mehr Aufgaben in kürzerer Zeit erledigen und so Zeit für außerschulische Aktivitäten und persönliche Interessen gewinnen.

Bessere Work-Life-Balance: Indem Sie Ihre Zeit effektiv organisieren, können Sie Ihre akademischen Verpflichtungen mit sozialen Aktivitäten, Hobbys und Selbstfürsorge in Einklang bringen.

Folgen eines schlechten Zeitmanagements

Schlechtes Zeitmanagement kann mehrere negative Folgen haben:

Versäumte Fristen: Aufschub und schlechte Planung können zu verpassten Fristen, verspäteten Abgaben und schlechteren Noten führen.

Erhöhter Stress und Angst: Das ständige Gefühl, zurückgeblieben und überfordert zu sein, kann den Stresspegel erhöhen und sich negativ auf Ihre geistige Gesundheit auswirken.

Niedrigere akademische Leistung: Inkonsistente Lerngewohnheiten und mangelnde Vorbereitung können zu schlechten Leistungen bei Prüfungen und Aufgaben führen.

Reduzierte Möglichkeiten: Wenn Sie Ihre Zeit nicht gut einteilen, kann dies Ihre Möglichkeiten zur Teilnahme an außerschulischen Aktivitäten,

Praktika und anderen Möglichkeiten, die Ihre College-Erfahrung verbessern, einschränken.

Zeitmanagementtechniken

Priorisierung und To-Do-Listen

Das Priorisieren von Aufgaben und das Erstellen von To-Do-Listen sind für ein effektives Zeitmanagement unerlässlich:

Identifizieren Sie Prioritäten: Bestimmen Sie, welche Aufgaben am wichtigsten und dringendsten sind. Konzentrieren Sie sich zunächst auf Aufgaben mit hoher Priorität, um sicherzustellen, dass kritische Fristen eingehalten werden.

Erstellen Sie To-Do-Listen: Teilen Sie Ihre Aufgaben in überschaubare Schritte auf und erstellen Sie tägliche oder wöchentliche To-Do-Listen. Dies hilft Ihnen, organisiert zu bleiben und sich auf das zu konzentrieren, was getan werden muss.

Ziele setzen: Legen Sie klare, erreichbare Ziele für jede Lernsitzung oder Aufgabe fest. Das gibt Orientierung und Motivation.

Verwendung von Planern und digitalen Tools

Planer und digitale Tools können Ihnen helfen, organisiert zu bleiben und Ihre Zeit effektiv zu verwalten:

Physische Planer: Verwenden Sie einen physischen Planer, um Ihren Zeitplan, Ihre Aufgaben und Fristen aufzuschreiben. Diese greifbare Methode kann Ihnen helfen, Ihre Aufgaben zu visualisieren und Ihre Zeit effektiv zu planen.

Digitale Kalender: Nutzen Sie digitale Kalender wie Google Kalender, um Erinnerungen festzulegen, Lern Sitzungen zu planen und Zeit für Kurse und Aktivitäten zu reservieren. Synchronisieren Sie Ihren Kalender geräteübergreifend, um den Zugriff zu erleichtern.

Aufgabenverwaltungs-Apps: Erwägen Sie die Verwendung von Aufgabenverwaltungs-Apps wie Todoist, Trello oder Microsoft To Do. Mit diesen Apps können Sie Aufgabenlisten erstellen, Fristen festlegen und Ihren Fortschritt verfolgen.

Organisiert bleiben

Organisieren von Lernmaterialien und Notizen

Die Organisation Ihrer Lernmaterialien und Notizen kann Ihre Effizienz und Produktivität verbessern:

Erstellen Sie ein System: Entwickeln Sie ein System zum Organisieren Ihrer Notizen, Handouts und Aufgaben. Verwenden Sie Ordner,

Ordner oder digitale Tools, um alles in Ordnung zu halten.

Etikett und Datum: Beschriften und datieren Sie alle Ihre Notizen und Materialien deutlich. Dies erleichtert das Auffinden spezifischer Informationen beim Lernen für Prüfungen oder beim Erledigen von Hausaufgaben.

Technologie nutzen: Erwägen Sie die Verwendung von Notiz-Apps wie Evernote oder OneNote, um Ihre Notizen digital zu organisieren. Mit diesen Apps können Sie Notizen kategorisieren, Tags hinzufügen und ganz einfach nach bestimmten Themen suchen.

Verwalten von Fristen und Aufgaben

Die effektive Verwaltung von Fristen und Aufgaben ist der Schlüssel dazu, den Überblick über Ihre Studienleistungen zu behalten:

Fristen verfolgen: Behalten Sie alle Ihre Fristen in einem Planer oder digitalen Kalender im Auge. Richten Sie Erinnerungen für wichtige Fälligkeitstermine ein, um sicherzustellen, dass Sie diese nicht verpassen.

Aufgaben aufschlüsseln: Abbauen von großen Aufgaben in kleinere, überschaubare Aufgaben aufteilen. Legen Sie Fristen für jeden Schritt fest, um auf dem richtigen Weg zu bleiben.

Überprüfen Sie regelmäßig: Überprüfen Sie regelmäßig Ihren Zeitplan und Ihre Aufgabenlisten, um sich an etwaige Änderungen anzupassen. Dies hilft Ihnen, organisiert zu bleiben und auf anstehende Aufgaben vorbereitet zu sein.

Wir haben untersuchte die Bedeutung des Zeitmanagements, seine Vorteile und die Folgen eines schlechten Zeitmanagements. Wir haben auch effektive Zeitmanagement-Techniken wie Priorisierung, To-Do-Listen und die Verwendung von Planern und digitalen Tools besprochen.

Abschließend haben wir Strategien behandelt, wie Sie organisiert bleiben, einschließlich der Organisation von Lernmaterialien und der Verwaltung von Fristen und Aufgaben. Durch die Umsetzung dieser Strategien sind Sie bestens gerüstet, Ihre Zeit effektiv zu verwalten und während Ihres gesamten Studiums organisiert zu bleiben.

Teil 2: Akademisch hervorragende Leistungen erbringen

Kapitel 4: Effektive Lerntechniken

Effektives Lernen ist der Schlüssel zum akademischen Erfolg an der Hochschule. Dieses Kapitel hilft Ihnen, Ihren individuellen Lernstil zu verstehen, aktive Lernstrategien zu erkunden und Techniken zur Verbesserung des Gedächtnisses und Merkfähigkeit zu entdecken. Durch den Einsatz dieser Methoden können Sie Ihre Lerneinheiten optimieren und Ihre Studienleistungen verbessern.

Verstehen Sie Ihren Lernstil

Visuelle, auditive und kinästhetische Lernende

Jeder lernt anders und die Identifizierung Ihres Lernstils kann Ihnen dabei helfen, Ihre Lerngewohnheiten so anzupassen, dass sie effektiver sind. Es gibt drei primäre Lernstile:

Visuelle Lerntypen: Wenn Sie visuell lernen, verstehen und merken Sie sich Informationen besser, wenn sie visuell präsentiert werden. Sie profitieren von Diagrammen, Diagrammen und schriftlichen Notizen.

Auditive Lernende: Auditive Lernende erfassen Informationen durch Zuhören effektiver. Vorträge, Diskussionen und

Videoaufzeichnungen sind für Sie besonders hilfreich.

Kinästhetische Lernende: Als kinästhetischer Lernender lernt man am besten durch praktische Aktivitäten und Bewegung. Laborexperimente, physikalische Modelle und Rollenspiele können Ihr Verständnis verbessern.

Passen Sie Ihre Lerngewohnheiten an Ihren Lernstil an

Sobald Sie Ihren Lernstil identifiziert haben, passen Sie Ihre Lerntechniken entsprechend an:

Visuelle Lerntypen: Verwenden Sie Textmarker, um Ihre Notizen farblich zu markieren, Mindmaps zu erstellen und Diagramme zu zeichnen, um Konzepte zu veranschaulichen. Auch das Anschauen von Lehrvideos kann von Vorteil sein.

Auditive Lernende: Nehmen Sie Vorlesungen auf und hören Sie sie sich noch einmal an, nehmen Sie an Lerngruppen teil, in denen Sie Themen diskutieren können, und verwenden Sie Gedächtnisstützen, die auf Ton basieren. Auch das Anhören von Bildungs-Podcasts kann Ihr Lernen unterstützen.

Kinästhetische Lernende: Beteiligen Sie sich an Aktivitäten, die es Ihnen ermöglichen, Konzepte physisch anzuwenden, z. B. Modelle zu bauen oder Experimente durchzuführen. Machen Sie häufige Pausen, um sich beim Lernen zu bewegen, und nutzen Sie Lernkarten für interaktives Lernen.

Aktive Lernstrategien

Methoden zum Notieren (Cornell, Mind Mapping)

Effektive Notizen machen ist entscheidend für das Behalten und Verstehen von Informationen. Hier sind zwei beliebte Methoden zum Notieren:

Cornell-Methode: Teilen Sie Ihre Arbeit in drei Abschnitte auf: eine schmale linke Spalte für Hinweise, eine größere rechte Spalte für Notizen und einen unteren Abschnitt für eine Zusammenfassung. Notieren Sie während der Vorlesungen wichtige Punkte in der rechten Spalte. Schreiben Sie anschließend Hinweise oder Fragen in die linke Spalte, um Ihr Verständnis zu testen, und fassen Sie die Hauptthemen unten zusammen. Diese Methode ermutigt Sie, Ihre Notizen zu überprüfen und sich mit ihnen auseinanderzusetzen.

Mindmapping: Beginnen Sie mit einer zentralen Idee in der Mitte der Seite und verzweigen Sie mit verwandten Konzepten, indem Sie Zeilen und Schlüsselwörter verwenden. Diese visuelle Darstellung hilft Ihnen, Zusammenhänge zwischen Ideen zu erkennen und Informationen hierarchisch zu organisieren. Mind Mapping eignet sich besonders für Themen mit komplexen Zusammenhängen.

Gruppenstudien und Diskussion

Das Lernen in Gruppen kann Ihre Lernerfahrung verbessern, indem es Ihnen ermöglicht, Konzepte mit Gleichgesinnten zu diskutieren und zu erklären. So holen Sie das Beste aus Gruppenlernsitzungen heraus:

Bilden Sie eine Studiengruppe: Stellen Sie eine kleine Gruppe von Klassenkameraden zusammen, die sich für das Lernen einsetzen. Streben Sie eine vielfältige Gruppe mit unterschiedlichen Stärken und Perspektiven an.

Setzen Sie klare Ziele: Definieren Sie die Ziele für jede Sitzung, z. B. die Wiederholung bestimmter Themen oder die Vorbereitung auf eine Prüfung. Weisen Sie Rollen auf, beispielsweise als Diskussionsleiter oder

Notizen-Schreiber, um die Konzentration der Gruppe aufrechtzuerhalten.

Beteiligen Sie sich aktiv: Beteiligen Sie sich aktiv, indem Sie Fragen stellen, andere Konzepte erklären und unterschiedliche Standpunkte diskutieren. Das Unterrichten und Besprechen von Themen mit Gleichgesinnten stärkt Ihr Verständnis und eröffnet Ihnen neue Erkenntnisse.

Verbesserung des Gedächtnisses und der Erinnerung

Mnemonik und andere Gedächtnishilfen

Gedächtnishilfen können Ihnen dabei helfen, Informationen effektiver zu behalten. Hier sind einige Techniken, die Sie ausprobieren sollten:

Mnemonik: Erstellen Sie Akronyme oder Phrasen, um sich Listen oder Sequenzen zu merken. Das Akronym „HOMES" kann Ihnen beispielsweise helfen, sich an die Großen Seen zu erinnern: Huron, Ontario, Michigan, Erie und Superior.

Visualisierung: Erstellen Sie lebendige mentale Bilder, die Sie mit Konzepten verknüpfen können. Je übertriebener und farbenfroher die Bilder sind, desto besser bleiben sie im Gedächtnis.

Chunking: Teilen Sie große Informationsmengen in kleinere, überschaubare Teile auf. Anstatt sich beispielsweise eine lange Zahlenfolge zu merken, teilen Sie sie in Dreier- oder Vierergruppen auf.

Regelmäßige Überprüfung Sitzungen

Das regelmäßige Durchsehen Ihrer Notizen und Materialien trägt dazu bei, das Gelernte zu festigen und Ihr Gedächtnis zu stärken. So strukturieren Sie Ihre Überprüfung Sitzungen:

Tägliche Rezensionen: Verbringen Sie jeden Tag ein paar Minuten damit, Ihre Notizen aus dem Unterricht des Tages durchzugehen. Diese kurze Wiederholung hilft dabei, die Informationen in Ihrem Kurzzeitgedächtnis zu festigen.

Wöchentliche Rezensionen: Nehmen Sie sich am Ende jeder Woche Zeit, alles zu wiederholen, was Sie in dieser Woche gelernt haben. Fassen Sie die wichtigsten Punkte zusammen und überdenken Sie alle Konzepte, die Sie als herausfordernd empfunden haben.

Monatliche Rezensionen: Überprüfen Sie einmal im Monat die Hauptthemen des letzten Monats. Dieser Langzeit-Rückblick hilft dabei, Informationen in Ihr Langzeitgedächtnis zu übertragen und bereitet Sie auf kumulative Prüfungen vor.

Indem Sie Ihren Lernstil verstehen, aktive Lernstrategien umsetzen und Ihr Gedächtnis und Gedächtnis verbessern, können Sie effektiver lernen und bessere akademische Ergebnisse erzielen. Diese Techniken werden Ihnen nicht nur zum Erfolg im Studium verhelfen, sondern Sie auch auf lebenslanges Lernen vorbereiten.

Kapitel 5: Campus-Ressourcen nutzen

Auf dem Universitätsgelände gibt es zahlreiche Ressourcen, die Ihnen dabei helfen sollen, akademisch und persönlich erfolgreich zu sein. Zu wissen, wie Sie diese Ressourcen effektiv nutzen können, kann einen erheblichen Unterschied in Ihrem Studium Erlebnis machen. In diesem Kapitel werden wir akademische Ressourcen, Unterstützungsdienste und außerschulische Möglichkeiten erkunden, die Ihre akademischen Leistungen und Ihr allgemeines Wohlbefinden verbessern können.

Akademische Ressourcen

Bibliotheken und Forschungseinrichtungen

Bibliotheken sind mehr als nur ein Ort zum Lernen; sie sind Zentren des Wissens und

Lernens. So holen Sie das Beste aus Ihrer Campusbibliothek heraus:

Forschungs-Tools: Nutzen Sie die von Ihrer Bibliothek abonnierten Datenbanken, Zeitschriften und Online-Ressourcen. Diese Tools können Ihnen zuverlässige Informationen für Ihre Arbeiten und Projekte liefern.

Lernräume: Bibliotheken bieten häufig ruhige Lernbereiche, Gruppen Lernräume und Computerräume an. Finden Sie einen Raum, der Ihren Lernbedürfnissen entspricht.

Bibliothekarische Unterstützung: Bibliothekare sind unschätzbare Ressourcen, die Ihnen bei Recherchestrategien, der Suche nach Materialien und der richtigen Zitierung von Quellen helfen können. Zögern Sie nicht, sie um Hilfe zu bitten.

Nachhilfezentren und Schülerlabore

Viele Universitäten bieten Nachhilfezentren und Schülerlabore an, um Sie bei Ihren akademischen Bemühungen zu unterstützen:

Nachhilfezentren: Diese Zentren bieten Einzel- oder Gruppennachhilfe zu verschiedenen Themen an. Tutoren können helfen, schwierige Konzepte zu klären, Kursarbeiten zu überprüfen und sich auf Prüfungen vorzubereiten.

Schülerlabore: Schreibzentren bieten Unterstützung in allen Phasen des Schreibprozesses, vom Brainstorming und der Gliederung bis hin zum Entwurf und der Überarbeitung. Schreiblehrer können Ihnen helfen, Ihre Schreibfähigkeiten zu verbessern und aussagekräftigere Aufsätze und Forschungsarbeiten zu verfassen.

Die Nutzung dieser akademischen Ressourcen kann Ihnen die Unterstützung bieten, die Sie benötigen, um in Ihren Kursen hervorragende Leistungen zu erbringen und Ihre Lernerfahrung zu verbessern.

Support-Services

Studienberatung

Studienberater unterstützen Sie bei der Bewältigung Ihrer Studienreise. So können Sie ihre Unterstützung optimal nutzen:

Kursplanung: Berater können Ihnen bei der Auswahl von Kursen helfen, die Ihren Studienanforderungen entsprechen und mit Ihren akademischen Zielen übereinstimmen. Sie können Ihnen auch bei der Planung und Verwaltung Ihres Kurspensums behilflich sein.

Berufsberatung: Berater können Einblicke in Karrierewege in Bezug auf Ihr Hauptfach geben,

Ihnen bei der Suche nach Praktikumsmöglichkeiten helfen und Sie mit Karriere-Diensten vernetzen.

Probleme lösen: Wenn Sie auf akademische Schwierigkeiten stoßen, können Ihnen Berater dabei helfen, Lösungen zu finden und Ressourcen für Verbesserungen bereitzustellen.

Regelmäßige Treffen mit Ihrem Studienberater können Sie auf dem Laufenden halten und sicherstellen, dass Sie fundierte Entscheidungen über Ihre Ausbildung treffen.

Beratung und psychische Gesundheitsdienste

Die Aufrechterhaltung Ihrer geistigen Gesundheit ist entscheidend für den akademischen Erfolg. Die meisten Campus bieten Beratungs- und psychiatrische Dienste zur Unterstützung der Studierenden an:

Beratungsdienste: Professionelle Berater bieten vertrauliche Unterstützung bei einer Reihe von

Problemen, darunter Stress, Angstzustände, Depressionen und Beziehungsprobleme. Sie können Ihnen dabei helfen, Bewältigungsstrategien zu entwickeln und Ihr emotionales Wohlbefinden zu verbessern.

Workshops und Programme: Viele Beratungsstellen bieten Workshops zu Themen wie Stressbewältigung, Achtsamkeit und Resilienz an. Durch die Teilnahme an diesen Programmen können Sie wertvolle Fähigkeiten erwerben, um das College-Leben effektiver zu meistern.

Krisenunterstützung: In Krisenzeiten verfügen Beratungsstellen häufig über Ressourcen und Hotlines, um sofortige Hilfe zu leisten.

Die Nutzung dieser Dienste kann Ihnen dabei helfen, ein gesundes Gleichgewicht zwischen Ihrem akademischen und privaten Leben aufrechtzuerhalten.

Außerschulische Möglichkeiten

Clubs, Organisationen und Ehrengesellschaften

Die Teilnahme an außerschulischen Aktivitäten kann Ihre College-Erfahrung bereichern und zahlreiche Vorteile mit sich bringen:

Vereine und Organisationen: Treten Sie Clubs bei, die Ihren Interessen entsprechen, sei es akademisch, kulturell, freizeitlich oder sozial. Die Teilnahme an Clubs kann Ihnen helfen, Freunde zu finden, neue Fähigkeiten zu entwickeln und Ihre Leidenschaften zu entdecken.

Ehrengesellschaften: Diese Organisationen erkennen akademische Exzellenz an und bieten häufig Networking-Möglichkeiten, Stipendien und Ressourcen zur beruflichen Weiterentwicklung an. Der Beitritt zu einer Ehrengesellschaft kann Ihren Lebenslauf bereichern und Sie mit Gleichgesinnten vernetzen.

Freiwilligenarbeit und Führungsrollen

Die Teilnahme an ehrenamtlichen Tätigkeiten und Führungsaufgaben kann Ihre College-Erfahrung weiter bereichern:

Freiwilligenarbeit: Durch ehrenamtliches Engagement können Sie der Gemeinschaft etwas zurückgeben, praktische Erfahrungen sammeln und ein Gefühl der Erfüllung entwickeln. Suchen Sie nach Möglichkeiten für Freiwillige bei Campus Organisationen oder lokalen gemeinnützigen Organisationen.

Führungsrollen: Die Übernahme von Führungspositionen in Vereinen oder Organisationen kann Ihnen dabei helfen, wertvolle Fähigkeiten wie Kommunikation, Teamarbeit und Problemlösung zu entwickeln. Führungserfahrung wird auch von Arbeitgebern hoch geschätzt und kann Ihre Karrierechancen verbessern.

Die Teilnahme an außerschulischen Aktivitäten bietet nicht nur eine Pause von der akademischen Arbeit, sondern hilft Ihnen auch dabei, ein umfassendes Profil zu entwickeln und Fähigkeiten zu entwickeln, die für den Erfolg im College und darüber hinaus entscheidend sind.

Durch die Nutzung der auf Ihrem Campus verfügbaren akademischen Ressourcen, Unterstützungsdienste und außerschulischen Möglichkeiten können Sie Ihre Lernerfahrung verbessern, Ihr Wohlbefinden fördern und eine solide Grundlage für Ihre Zukunft schaffen. Diese Ressourcen sollen Ihnen zum Erfolg verhelfen, also nutzen Sie sie auf Ihrem Weg zum College optimal.

Kapitel 6: Navigieren in Kursarbeiten und Prüfungen

Die erfolgreiche Bewältigung Ihrer Studienleistungen und Prüfungen ist entscheidend für das Erreichen Ihrer akademischen Ziele an der Hochschule. Dieses Kapitel bietet Ihnen effektive Lesestrategien, Tipps zum Verfassen überzeugender Arbeiten und Techniken zur Vorbereitung auf und zum Ablegen von Prüfungen. Durch die Beherrschung dieser Fähigkeiten können Sie Ihre akademischen Leistungen verbessern und Ihre Studienarbeiten souverän bewältigen.

Effektive Lesestrategien

SQ3R-Methode (Umfrage, Frage, Lesen, Rezitieren, Überprüfen).

Die SQ3R-Methode ist eine bewährte Strategie zur Verbesserung des Verstehens und Behaltens von Lesestoff:

Umfrage: Blättern Sie schnell durch das Kapitel oder den Artikel, um sich einen Überblick zu verschaffen. Sehen Sie sich Überschriften, Zwischenüberschriften und alle hervorgehobenen oder fettgedruckten Begriffe an. Dadurch erhalten Sie einen Eindruck von der Struktur und den Hauptthemen.

Frage: Verwandeln Sie Überschriften und Zwischenüberschriften in Fragen. Wenn ein Abschnitt beispielsweise die Überschrift „Die Ursachen des Zweiten Weltkriegs" trägt, könnten Sie fragen: „Was waren die Ursachen des Zweiten Weltkriegs?"

Lesen: Lesen Sie den Text sorgfältig durch, um Antworten auf die von Ihnen formulierten Fragen zu finden. Konzentrieren Sie sich darauf, den Stoff zu verstehen, und nicht nur darauf, ihn auswendig zu lernen.

Rezitieren: Halten Sie nach dem Lesen eines Abschnitts inne und rezitieren Sie die wichtigsten Punkte und Antworten auf Ihre Fragen in Ihren eigenen Worten. Dies stärkt Ihr Verständnis und hilft, Informationen ins Langzeitgedächtnis zu übertragen.

Rezension: Überprüfen Sie das Material regelmäßig, um Ihren Lernerfolg zu vertiefen. Gehen Sie Ihre Notizen durch und rezitieren Sie die Hauptpunkte noch einmal.

Texte kommentieren und zusammenfassen

Das Kommentieren und Zusammenfassen von Texten kann Ihr Verständnis vertiefen und die Überprüfung erleichtern:

Kommentieren: Heben Sie beim Lesen wichtige Punkte hervor, unterstreichen Sie wichtige Konzepte und schreiben Sie Notizen oder Fragen an den Rand. Diese aktive

Auseinandersetzung mit dem Text hilft Ihnen, Informationen zu verarbeiten und zu behalten.

Zusammenfassend: Schreiben Sie nach dem Lesen eine kurze Zusammenfassung der wichtigsten Punkte in Ihren eigenen Worten. Das Zusammenfassen zwingt Sie dazu, Informationen in ihre wesentlichen Elemente zu zerlegen, was das Verständnis und die Erinnerung erleichtert.

Starke Papiere schreiben

Recherche- und Zitierfähigkeiten

Effektive Recherche und korrektes Zitieren sind für das Verfassen überzeugender wissenschaftlicher Arbeiten von grundlegender Bedeutung:

Forschungskompetenz: Beginnen Sie mit der Definition Ihrer Forschungsfrage oder Ihrer These. Nutzen Sie Bibliotheksdatenbanken,

Fachzeitschriften und seriöse Websites, um Informationen zu sammeln. Bewerten Sie Ihre Quellen auf Glaubwürdigkeit und Relevanz.

Zitierfähigkeiten: Machen Sie sich mit dem für Ihren Kurs erforderlichen Zitierstil vertraut (z. B. APA, MLA, Chicago). Behalten Sie den Überblick über Ihre Quellen und nutzen Sie Zitierte Tools oder Leitfäden, um Ihre Referenzen korrekt zu formatieren. Durch die richtige Zitierung werden nicht nur die Originalautoren anerkannt, sondern auch die Glaubwürdigkeit Ihrer Arbeit gestärkt.

Strukturierung und Bearbeitung von Aufsätzen

Ein gut strukturierter und sorgfältig bearbeiteter Aufsatz kann Ihre Noten deutlich verbessern:

Strukturierung: Gliedern Sie Ihren Aufsatz in eine klare Einleitung, einen Hauptteil und einen Schluss. Die Einleitung sollte Ihre These präsentieren und die Hauptpunkte darlegen.

Jeder Hauptabsatz sollte sich auf einen einzelnen Punkt konzentrieren, der durch Beweise gestützt wird. Die Schlussfolgerung sollte Ihre Argumente zusammenfassen und die These im Lichte der vorgelegten Beweise neu formulieren.

Bearbeitung: Nehmen Sie sich nach dem Verfassen Ihres Aufsatzes die Zeit, ihn zu überarbeiten und zu überarbeiten. Prüfen Sie auf Klarheit, Kohärenz und logischen Ablauf. Korrigieren Sie etwaige Grammatik-, Zeichensetzungs- oder Rechtschreibfehler. Wenn Sie Ihren Aufsatz laut vorlesen oder von jemand anderem überprüfen lassen, können Sie Verbesserungsmöglichkeiten erkennen.

Prüfungsvorbereitung und -durchführung

Studienpläne und Übungsprüfungen

Eine gute Vorbereitung ist der Schlüssel zu guten Prüfungsleistungen:

Studienpläne: Erstellen Sie einen Lernplan, der Ihren Lernstoff in überschaubare Abschnitte unterteilt. Nehmen Sie sich jeden Tag Zeit für das Studium verschiedener Fächer und beginnen Sie rechtzeitig vor dem Prüfungstermin mit der Vorbereitung. Konsistenz und regelmäßige Überprüfung sind entscheidend.

Übungsprüfungen: Die Teilnahme an Übungsprüfungen hilft Ihnen, sich mit dem Format und den Arten der Fragen vertraut zu machen, denen Sie begegnen werden. Außerdem können Sie damit Ihr Wissen beurteilen und Bereiche identifizieren, die stärkerer Fokussierung bedürfen. Simulieren Sie Prüfungsbedingungen, indem Sie Ihre Zeit bestimmen und in einer ruhigen Umgebung arbeiten.

Teststrategien und Umgang mit Prüfungsangst

Die Entwicklung guter Teststrategien und der Umgang mit Ängsten können Ihre Leistung verbessern:

Teststrategien: Lesen Sie alle Anweisungen sorgfältig durch, bevor Sie beginnen. Gehen Sie zuerst einfachere Fragen an, um Selbstvertrauen aufzubauen, und bewahren Sie schwierige Fragen für später auf. Nutzen Sie den Ausschluss Prozess, um Multiple-Choice-Optionen einzugrenzen. Verwalten Sie Ihre Zeit sinnvoll und stellen Sie sicher, dass Sie genügend Zeit haben, Ihre Antworten zu überprüfen.

Umgang mit Prüfungsangst: Üben Sie Entspannungstechniken wie tiefes Atmen oder

Visualisieren, um Ihre Nerven vor und während der Prüfung zu beruhigen. Sorgen Sie dafür, dass Sie am Abend zuvor ausreichend schlafen und eine gesunde Mahlzeit zu sich nehmen. Positive Selbstgespräche und die Konzentration auf Ihre Vorbereitung können Ihr Selbstvertrauen stärken.

Indem Sie diese effektiven Lesestrategien anwenden, sich die Fähigkeiten aneignen, die zum Verfassen überzeugender Arbeiten erforderlich sind, und die Techniken zur Prüfungsvorbereitung und -durchführung anwenden, können Sie Ihre Kursarbeiten und Prüfungen erfolgreich meistern. Diese Tools werden Ihnen nicht nur dabei helfen, akademische Spitzenleistungen zu erbringen, sondern auch das Selbstvertrauen und die Fähigkeiten aufzubauen, die für lebenslanges Lernen erforderlich sind.

Teil 3: Aufbau eines Karriereweges

Kapitel 7: Relevante Erfahrungen sammeln

Das Sammeln relevanter Erfahrungen während Ihrer Studienzeit ist für den Aufbau einer soliden Grundlage für Ihre zukünftige Karriere von entscheidender Bedeutung. In diesem Kapitel erfahren Sie, wie Sie Praktika und Kooperationen finden und optimal nutzen, Teilzeitjobs und Freiwilligenarbeit mit Ihrem Studium in Einklang bringen und sich an der akademischen Forschung beteiligen. Indem Sie aktiv nach diesen Möglichkeiten suchen, können Sie wertvolle Fähigkeiten entwickeln, Ihren Lebenslauf erstellen und Einblicke in das von Ihnen gewählte Fachgebiet gewinnen.

Praktika und Kooperationen

Suche und Bewerbung für Praktika

Praktika und Kooperationen vermitteln praktische Erfahrungen in Ihrem Interessengebiet und helfen Ihnen, das, was Sie im Unterricht gelernt haben, auf reale Situationen anzuwenden:

Praktika finden: Besuchen Sie zunächst das Career Services-Büro Ihrer Hochschule, das häufig eine Liste verfügbarer Praktika anbietet. Auch Online-Jobbörsen wie Handshake, Indeed und LinkedIn sind wertvolle Ressourcen. Durch die Vernetzung mit Professoren, Alumni und Branchenexperten können verborgene Chancen aufgedeckt werden.

Bewerbung für Praktika: Passen Sie Ihren Lebenslauf und Ihr Anschreiben an jede Position an und heben Sie relevante Studienleistungen, Fähigkeiten und Erfahrungen hervor. Bereiten Sie sich auf Vorstellungsgespräche vor, indem Sie sich über das Unternehmen informieren und häufig gestellte Fragen im Vorstellungsgespräch üben. Zeigen Sie Ihre Begeisterung und Lernbereitschaft.

Das Beste aus Praktikumserfahrungen machen

Sobald Sie sich ein Praktikum gesichert haben, können Sie die Erfahrung maximieren, um Ihre Karriereaussichten zu verbessern:

Ziele setzen: Definieren Sie klar, was Sie während Ihres Praktikums erreichen möchten. Zu diesen Zielen könnte das Erlernen spezifischer Fähigkeiten, das Verstehen von Branchen, Praktiken oder der Aufbau beruflicher Beziehungen gehören.

Sei proaktiv: Ergreifen Sie die Initiative, indem Sie nach zusätzlichen Aufgaben und Projekten suchen. Stellen Sie Fragen, holen Sie Feedback ein und seien Sie offen dafür, von Ihren Kollegen zu lernen.

Netzwerk: Bauen Sie Beziehungen zu Ihren Vorgesetzten, Kollegen und anderen Fachleuten in der Organisation auf. Diese Verbindungen können wertvolle Mentoring- und zukünftige Beschäftigungsmöglichkeiten bieten.

Reflektieren und dokumentieren: Führen Sie ein Tagebuch über Ihre Erfahrungen und notieren Sie die Fähigkeiten, die Sie entwickelt haben, und die Aufgaben, die Sie erledigt haben. Diese Reflexion wird Ihnen helfen, Ihre Erfolge in zukünftigen Bewerbungen und Vorstellungsgesprächen zu artikulieren.

Teilzeitjobs und Freiwilligenarbeit

Vereinbarkeit von Beruf und Studium

Eine Teilzeit- oder Freiwilligenarbeit kann praktische Erfahrungen sammeln und Ihnen helfen, übertragbare Fähigkeiten zu entwickeln. So können Sie diese Verpflichtungen mit Ihrem Studium vereinbaren:

Zeiteinteilung: Erstellen Sie einen Zeitplan, der bestimmte Zeiten für Arbeit, Studium und persönliche Aktivitäten vorsieht. Priorisieren Sie Ihre Aufgaben und vermeiden Sie es, sich zu sehr zu engagieren.

Kommunikation: Sorgen Sie für eine offene Kommunikation mit Ihrem Arbeitgeber oder Freiwilligenkoordinator über Ihre Verfügbarkeit und Ihre akademischen Verantwortlichkeiten. Die meisten werden Ihre Bedürfnisse als Student verstehen und darauf eingehen.

Integration: Wählen Sie nach Möglichkeit Teilzeitjobs oder ehrenamtliche Tätigkeiten, die Ihren beruflichen Interessen entsprechen. Diese Integration kann relevante Erfahrungen liefern und Ihre Arbeit sinnvoller machen.

Fähigkeiten, die durch Arbeit und Freiwilligen Erfahrung erworben wurden

Teilzeitjobs und Freiwilligenarbeit können Ihnen dabei helfen, ein breites Spektrum an Fähigkeiten zu entwickeln:

Arbeitserfahrung: Jobs können Ihnen Zeitmanagement, Kundenservice, Teamarbeit und Problemlösungsfähigkeiten vermitteln. Diese Erfahrungen beweisen auch Ihre Arbeitsmoral und Zuverlässigkeit gegenüber zukünftigen Arbeitgebern.

Freiwilligenarbeit: Freiwilligenarbeit kann Ihre Kommunikations-, Führungs- und

Organisationsfähigkeiten verbessern. Es zeigt auch Ihr Engagement für gemeinnützige Arbeit und kann Gelegenheiten zum Networking mit Fachleuten in Ihrem Bereich bieten.

Forschungsmöglichkeiten

Sich an der akademischen Forschung beteiligen

Die Teilnahme an akademischer Forschung kann Ihr Verständnis Ihres Fachgebiets vertiefen und Ihr akademisches Profil verbessern:

Suche nach Forschungsmöglichkeiten: Sprechen Sie mit Ihren Professoren über Forschungsprojekte, an denen Sie arbeiten, und bekunden Sie Ihr Interesse an einer Mitarbeit. Suchen Sie nach Stellen für wissenschaftliche Mitarbeiter, die in Ihrer Abteilung oder auf dem Karriereportal Ihrer Hochschule ausgeschrieben sind.

Bewerbung für Forschungsstellen: Bereiten Sie einen Lebenslauf vor, in dem Sie Ihre relevanten Studienleistungen und Fähigkeiten hervorheben. Verfassen Sie ein prägnantes und überzeugendes Anschreiben, in dem Sie Ihr Interesse am Forschungsthema und Ihre Motivation für die Teilnahme am Projekt darlegen.

Vorteile der Bachelor-Forschung

Die Teilnahme an der Forschung als Student bietet zahlreiche Vorteile:

Fähigkeits-Entwicklung: Forschung hilft Ihnen, kritisches Denken, Datenanalyse und Fähigkeiten zur Problemlösung zu entwickeln. Diese Fähigkeiten werden sowohl im akademischen als auch im beruflichen Umfeld hoch geschätzt.

Fundiertes Wissen: Durch die Arbeit an Forschungsprojekten können Sie Themen tiefergehender erforschen als durch bloßes Lernen im Klassenzimmer. Dieses tiefere Verständnis kann Ihre Berufswahl und Ihre akademischen Interessen beeinflussen.

Vernetzung: Durch die Zusammenarbeit mit Fakultätsmitgliedern und Kommilitonen an Forschungsprojekten können Sie Ihr berufliches Netzwerk erweitern. Diese Verbindungen können zu Mentoring-Möglichkeiten, Empfehlungsschreiben und zukünftigen Jobaussichten führen.

Vorbereitung auf die Graduiertenschule: Wenn Sie höhere Abschlüsse anstreben möchten, ist Forschungserfahrung oft ein wichtiger Bestandteil der Bewerbung für ein Graduiertenstudium. Es beweist Ihre Fähigkeit, unabhängige Forschung zu betreiben und trägt zu Ihren akademischen Qualifikationen bei.

Durch die Suche nach Praktika und Kooperationen, die Vereinbarkeit von Teilzeitjobs und ehrenamtlicher Tätigkeit sowie die Beteiligung an der akademischen Forschung können Sie wertvolle Erfahrungen sammeln, die Sie auf dem Arbeitsmarkt hervorheben. Diese Möglichkeiten verbessern nicht nur Ihren Lebenslauf, sondern vermitteln Ihnen auch praktische Fähigkeiten und berufliche Netzwerke, die Sie bei Ihren Karrierezielen unterstützen.

Kapitel 8: Networking und berufliche Entwicklung

Der Aufbau eines starken beruflichen Netzwerks und die Konzentration auf Ihre berufliche Entwicklung sind entscheidende Schritte auf dem Weg zu einer erfolgreichen Karriere. Dieses Kapitel bietet Anleitungen zum Aufbau und zur Nutzung Ihres Netzwerks, zur effektiven Nutzung von Karrieremessen und -veranstaltungen sowie zur kontinuierlichen beruflichen Weiterentwicklung.

Aufbau eines professionellen Netzwerks

Kontakte zu Professoren, Alumni und Branchenexperten knüpfen

Beim Networking geht es darum, Beziehungen aufzubauen und zu pflegen, die Ihr berufliches Wachstum unterstützen können. So können Sie mit wichtigen Personen in Kontakt treten:

Professoren: Ihre Professoren sind wertvolle Ressourcen, die Ihnen Ratschläge, Mentoring und Kontakte in Ihrem Fachgebiet bieten können. Nehmen Sie Kontakt zu ihnen auf, indem Sie an Unterrichts Diskussionen teilnehmen, die Sprechstunden besuchen und Ihren Rat in akademischen und beruflichen Angelegenheiten einholen.

Alumni: Alumni-Netzwerke sind hervorragende Informationsquellen und Möglichkeiten. Erreichen Sie Alumni über die Alumni-Vereinigung Ihrer Hochschule, LinkedIn oder Alumni-Veranstaltungen. Sie können Einblicke in Karrierewege, Branchentrends und offene Stellen geben.

Branchenprofis: Nehmen Sie an Branchen, Konferenzen, Seminaren und lokalen Networking-Veranstaltungen teil, um Fachleute auf Ihrem Gebiet zu treffen. Stellen Sie sich vor, stellen Sie Fragen zu ihrer Arbeit und bekunden Sie Ihr Interesse an der Branche. Senden Sie anschließend eine Dankes-E-Mail und bleiben Sie regelmäßig in Kontakt.

Nutzung von LinkedIn und anderen Netzwerkplattformen

Online-Netzwerkplattformen wie LinkedIn können Ihre berufliche Reichweite erheblich erweitern:

LinkedIn Profil: Erstellen Sie ein umfassendes LinkedIn-Profil, das Ihre Ausbildung, Erfahrungen, Fähigkeiten und Karriereziele hervorhebt. Verwenden Sie ein professionelles Foto und schreiben Sie eine überzeugende Zusammenfassung, die Ihre Ziele widerspiegelt.

Mit anderen in Kontakt treten: Vernetzen Sie sich mit Kommilitonen, Professoren, Alumni und Fachleuten, die Sie bei Veranstaltungen treffen. Personalisieren Sie Ihre Verbindungsanfragen, indem Sie erwähnen, wie

Sie sich kennengelernt haben oder warum Sie eine Verbindung herstellen möchten.

Engagement auf LinkedIn: Teilen Sie Artikel, kommentieren Sie Beiträge und nehmen Sie an LinkedIn-Gruppen mit Bezug zu Ihrem Fachgebiet teil. Regelmäßiges Engagement hilft Ihnen, sichtbar zu bleiben und zeigt Ihr Interesse an Branchenthemen.

Karrieremessen und Events

Vorbereitung auf und Teilnahme an Karrieremessen

Karrieremessen sind hervorragende Gelegenheiten, potenzielle Arbeitgeber zu treffen und sich über Jobmöglichkeiten zu informieren:

Vorbereitung: Informieren Sie sich über die Unternehmen, die an der Messe teilnehmen werden, und identifizieren Sie diejenigen, die

Ihren beruflichen Interessen entsprechen. Bereiten Sie Ihren Lebenslauf vor und halten Sie mehrere Kopien bereit. Üben Sie Ihren Elevator Pitch – eine kurze Einführung, die Ihren Hintergrund und Ihre Karriereziele hervorhebt.

Teilnahme an der Messe: Ziehen Sie sich professionell an und kommen Sie früh an. Gehen Sie selbstbewusst auf Unternehmensvertreter zu, stellen Sie sich vor und stellen Sie fundierte Fragen zu Ihrer Organisation und den verfügbaren Stellen. Bieten Sie Ihren Lebenslauf an und drücken Sie Ihre Begeisterung für die Möglichkeiten aus, die er bietet.

Einen bleibenden Eindruck hinterlassen

Heben Sie sich auf Karrieremessen und Networking-Events hervor, indem Sie einen positiven und unvergesslichen Eindruck hinterlassen:

Sei vorbereitet: Machen Sie sich mit Ihrem Lebenslauf und Ihrem Werdegang gut vertraut und seien Sie bereit, über Ihre Erfahrungen und Fähigkeiten zu sprechen.

Nachverfolgen: Senden Sie nach der Veranstaltung personalisierte Dankes-E-Mails an die Vertreter, mit denen Sie gesprochen haben. Erwähnen Sie etwas Bestimmtes aus Ihrem Gespräch, damit Sie sich an Sie erinnern und Ihr Interesse an Ihrem Unternehmen bekräftigen.

Berufliche Entwicklung

Beitritt zu Berufsverbänden

Professionelle Organisationen bieten Ressourcen, Networking-Möglichkeiten und Branchen Einblicke:

Vorteile einer Mitgliedschaft: Viele Organisationen bieten Zugang zu Branchen, Publikationen, Jobbörsen, Webinaren und Konferenzen. Diese Ressourcen können Sie über die neuesten Trends und Entwicklungen in Ihrem Bereich auf dem Laufenden halten.

Networking-Möglichkeiten: Treten Sie lokalen Kapiteln von Berufsverbänden bei, um an Veranstaltungen teilzunehmen und Fachleute in Ihrer Nähe zu treffen. Diese Interaktionen können zu Mentoring-Möglichkeiten und Stellenangeboten führen.

Teilnahme an Workshops und Seminaren

Kontinuierliches Lernen und die Weiterentwicklung von Fähigkeiten sind für die Karriereentwicklung von entscheidender Bedeutung:

Workshops und Seminare: Nehmen Sie an Workshops und Seminaren teil, die sich auf für Ihre Karriere relevante Fähigkeiten konzentrieren. Diese Veranstaltungen können Ihnen dabei helfen, über Branchen, Praktiken und Technologien auf dem Laufenden zu bleiben.

Zertifizierungen: Erwägen Sie den Erwerb von Zertifizierungen, die in Ihrem Fachgebiet anerkannt sind. Zertifizierungen können Ihre Qualifikationen verbessern und Sie auf dem Arbeitsmarkt wettbewerbsfähiger machen.

Pläne zur beruflichen Weiterentwicklung: Erstellen Sie einen beruflichen Entwicklungsplan, in dem die Fähigkeiten und Kenntnisse aufgeführt sind, die Sie erwerben möchten. Legen Sie Ziele und Zeitpläne für die Teilnahme an Workshops, den Erwerb von Zertifizierungen und die Teilnahme an beruflichen Aktivitäten fest.

Durch den Aufbau eines beruflichen Netzwerks, die effektive Nutzung von Karrieremessen und -veranstaltungen sowie die kontinuierliche berufliche Weiterentwicklung können Sie eine solide Grundlage für eine erfolgreiche Karriere legen. Diese Bemühungen werden Ihnen dabei helfen, wertvolle Kontakte zu knüpfen, über Branchentrends auf dem Laufenden zu bleiben und Ihre Fähigkeiten und Kenntnisse kontinuierlich zu verbessern.

Kapitel 9: Vorbereitung auf das Leben nach dem College

Wenn Sie sich dem Abschluss nähern, ist es wichtig, sich auf das Leben nach dem College vorzubereiten. Ganz gleich, ob Sie ein Graduiertenstudium in Erwägung ziehen, ins Berufsleben einsteigen oder grundlegende Lebenskompetenzen entwickeln möchten: Dieses Kapitel bietet Ihnen die Anleitung, die Sie für einen reibungslosen und selbstbewussten Übergang in die nächste Phase Ihres Lebens benötigen.

Vorbereitung auf die Graduiertenschule

Entscheiden, ob die Graduiertenschule das Richtige für Sie ist

Eine Graduiertenschule kann fortgeschrittenes Wissen und spezielle Fähigkeiten bieten, ist aber nicht für jeden der richtige Weg:

Bewerten Sie Ihre Ziele: Überlegen Sie, welche Karriereziele Sie haben und ob ein Hochschulabschluss erforderlich ist, um diese zu erreichen. Sprechen Sie mit Professoren, Beratern und Fachleuten in Ihrem Fachgebiet, um die Vorteile und Anforderungen einer Weiterbildung zu verstehen.

Bewerten Sie Ihre Bereitschaft: Denken Sie über Ihre akademischen Leistungen, Ihr Engagement und Ihre finanzielle Situation nach. Ein Graduiertenstudium erfordert viel Zeit, Mühe und Ressourcen. Stellen Sie daher sicher, dass Sie auf diese Investition vorbereitet sind.

Bewerbungsprozess und Fristen

Der Bewerbungsprozess für ein Graduiertenstudium kann komplex und zeitaufwendig sein. So navigieren Sie effektiv darin:

Forschungsprogramme: Identifizieren Sie Programme, die Ihren Karrierezielen und Interessen entsprechen. Berücksichtigen Sie Faktoren wie Fachwissen der Fakultät, Forschungsmöglichkeiten, Standort und finanzielle Unterstützungsmöglichkeiten.

Bereiten Sie sich auf Prüfungen vor: Viele Graduiertenprogramme erfordern standardisierte Tests wie GRE, GMAT oder LSAT. Planen Sie Ihren Studienplan und melden Sie sich rechtzeitig vor den Bewerbungsfristen für Prüfungen an.

Sammeln Sie Materialien: Erstellen Sie Zeugnisse, Empfehlungsschreiben und persönliche Aussagen. Passen Sie Ihre Bewerbungsunterlagen an jedes Programm an und heben Sie Ihre relevanten Erfahrungen und Ziele hervor.

Fristen einhalten: Erstellen Sie einen Zeitplan für die Einreichung von Bewerbungen, um sicherzustellen, dass Sie alle Fristen einhalten.

Behalten Sie den Überblick über die Anforderungen jedes Programms und verwalten Sie Ihre Zeit effektiv, um jede Komponente abzuschließen.

Einstieg in die Arbeitswelt

Strategien zur Jobsuche

Ein strategischer Ansatz bei Ihrer Jobsuche kann Ihnen dabei helfen, Möglichkeiten zu finden, die Ihren Fähigkeiten und Ambitionen entsprechen:

Stellenangebote identifizieren: Nutzen Sie Jobbörsen, Unternehmenswebsites und Netzwerk Kontakte, um offene Stellen zu finden. Besuchen Sie Karrieremessen und nutzen Sie die Karriere-Dienste Ihrer Hochschule für zusätzliche Unterstützung.

Passen Sie Ihre Anwendungen anpassen Sie Ihren Lebenslauf und Ihr Anschreiben für jede Bewerbung individuell an. Heben Sie Ihre relevanten Fähigkeiten, Erfahrungen und Erfolge hervor, die mit der Stellenbeschreibung übereinstimmen.

Vernetzung: Nutzen Sie Ihr berufliches Netzwerk, um sich über offene Stellen zu informieren und Empfehlungen zu erhalten. Interviews können Einblicke in Unternehmen und Branchen geben und Ihnen beim Aufbau von Verbindungen helfen.

Erstellen eines überzeugenden Lebenslaufs und Anschreibens

Ihr Lebenslauf und Ihr Anschreiben sind entscheidend, um bei potenziellen Arbeitgebern einen positiven Eindruck zu hinterlassen:

Lebenslauf-Tipps: Erstellen Sie einen klaren, prägnanten Lebenslauf, der Ihre Ausbildung, Berufserfahrung, Fähigkeiten und Erfolge darstellt. Verwenden Sie Aufzählungspunkte und Aktionsverben, um Ihre Verantwortlichkeiten und Erfolge zu beschreiben. Beschränken Sie es nach Möglichkeit auf eine Seite.

Tipps zum Anschreiben: Verfassen Sie für jede Bewerbung ein individuelles Anschreiben. Erklären Sie, warum Sie an dieser Stelle interessiert sind und wie Ihre Fähigkeiten und Erfahrungen Sie zu einer guten Besetzung machen. Seien Sie prägnant und professionell und vermeiden Sie die Wiederholung von Informationen aus Ihrem Lebenslauf.

Lebenskompetenzen für den Erfolg

Finanzielle Bildung und Budgetierung

Eine effektive Verwaltung Ihrer Finanzen ist für einen erfolgreichen Übergang ins Leben nach dem Studium von entscheidender Bedeutung:

Erstellen Sie ein Budget: Verfolgen Sie Ihre Einnahmen und Ausgaben, um ein realistisches Budget zu erstellen. Priorisieren Sie wesentliche

Ausgaben wie Miete, Nebenkosten und Lebensmittel und stellen Sie Mittel für Ersparnisse und diskretionäre Ausgaben bereit.

Kredit verstehen: Bauen Sie eine gute Kreditwürdigkeit auf und erhalten Sie diese aufrecht, indem Sie Rechnungen pünktlich bezahlen und die Kreditkartennutzung verwalten. Das Verständnis von Kredit-Scores und -Berichten ist für die finanzielle Gesundheit von entscheidender Bedeutung.

Plan für die Zukunft: Beginnen Sie mit dem Sparen für langfristige Ziele, wie zum Beispiel den Kauf eines Eigenheims oder den Ruhestand. Erwägen Sie die Einrichtung eines Notfallfonds zur Deckung unerwarteter Ausgaben.

Work-Life-Balance und Selbstfürsorge

Die Aufrechterhaltung einer gesunden Work-Life-Balance und die Ausübung von

Selbstfürsorge sind entscheidend für langfristigen Erfolg und Wohlbefinden:

Grenzen setzen: Schaffen Sie klare Grenzen zwischen Arbeit und Privatleben. Planen Sie Zeit für Entspannung, Hobbys und soziale Aktivitäten ein, um ein Burnout zu vermeiden.

Priorisieren Sie die Selbstfürsorge: Integrieren Sie regelmäßige Bewegung, gesunde Ernährung und ausreichend Schlaf in Ihrem Tagesablauf. Das Praktizieren von Achtsamkeit oder Meditation kann helfen, Stress abzubauen und die psychische Gesundheit zu verbessern.

Unterstützung suchen: Zögern Sie nicht, Unterstützung von Freunden, Familie oder professionellen Beratern zu suchen, wenn Sie sich überfordert fühlen. Der Aufbau eines starken Unterstützungsnetzwerks kann Ihnen helfen, die Herausforderungen des Post-College-Lebens zu meistern.

Durch die Vorbereitung auf die Graduiertenschule, die Umsetzung effektiver Strategien für die Jobsuche und die Entwicklung wesentlicher Lebenskompetenzen können Sie selbstbewusst in das Leben nach dem College übergehen. Diese Vorbereitungen helfen Ihnen, Ihre Karriereziele zu erreichen und einen gesunden, ausgewogenen Lebensstil aufrechtzuerhalten.

Abschluss

Wenn Sie das Ende von „So gelingt Ihr Studium: Eine Schritt-für-Schritt-Anleitung zum Erreichen akademischer und beruflicher Ziele" erreicht haben, ist es an der Zeit, über Ihren Weg nachzudenken, Ihre Erfolge zu feiern und sich auf kontinuierliches Lernen und Wachstum zu freuen. In dieser Schlussfolgerung erhalten Sie abschließende Tipps und Anregungen, um motiviert und belastbar zu bleiben, und schlagen Ressourcen für weitere Lektüre und Unterstützung vor.

Nachdenken über Ihre Reise

Erfolge feiern

Nehmen Sie sich einen Moment Zeit, um die harte Arbeit und das Engagement anzuerkennen und zu feiern, die Sie an diesen Punkt gebracht haben. Jeder Meilenstein, ob akademisch, persönlich oder beruflich, ist ein Beweis für Ihre

Beharrlichkeit und Ihr Engagement für Ihre Ziele. Das Nachdenken über diese Erfolge kann Selbstvertrauen und Motivation für Ihr weiteres Vorankommen wecken.

Dokumentieren Sie Ihre Erfolge: Führen Sie ein Tagebuch oder Portfolio über Ihre Leistungen, einschließlich Noten, Projekte, Praktika und außerschulische Aktivitäten. Dieses Protokoll kann als Erinnerung an Ihre Fortschritte dienen und als Nachweis Ihrer Fähigkeiten dienen, wenn Sie sich für eine Stelle oder eine Weiterbildung bewerben.

Teilen Sie Ihren Erfolg: Feiern Sie Ihre Erfolge mit Freunden, Familie und Mentoren, die Sie auf Ihrem Weg unterstützt haben. Ihre Ermutigung und Ihr Feedback können Ihr Erfolgserlebnis stärken und Sie motivieren, höhere Ziele zu erreichen.

Kontinuierliches Lernen und Wachstum

Ihre Studienreise ist nur der Anfang eines lebenslangen Strebens nach Wissen und persönlicher Weiterentwicklung:

Umfassen Sie lebenslanges Lernen: Bleiben Sie neugierig und offen für neue Ideen und Erfahrungen. Ob durch formelle Bildung, berufliche Weiterentwicklung oder persönliche Interessen – kontinuierliches Lernen sorgt dafür, dass Sie in Ihrer Karriere und Ihrem Leben anpassungsfähig und innovativ bleiben.

Feedback einholen: Konstruktives Feedback von Kollegen, Mentoren und Vorgesetzten ist für das Wachstum von unschätzbarem Wert. Nutzen Sie es, um Verbesserungsmöglichkeiten zu identifizieren und Ihre Fähigkeiten und Strategien zu verfeinern.

Letzte Tipps und Ermutigung

Motiviert und belastbar bleiben

Das Leben an der Universität und darüber hinaus wird unweigerlich Herausforderungen mit sich bringen, aber wenn Sie motiviert und belastbar bleiben, können Sie diese meistern:

Setzen Sie sich realistische Ziele: Teilen Sie langfristige Ziele in kleinere, überschaubare Ziele auf. Feiern Sie jeden Fortschritt und passen Sie Ihre Pläne nach Bedarf an, ohne das Gesamtbild aus den Augen zu verlieren.

Kultivieren Sie eine positive Einstellung: Konzentrieren Sie sich auf das, was Sie kontrollieren können, und bewahren Sie eine positive Einstellung. Herausforderungen sind Gelegenheiten zum Lernen und Wachsen, und Rückschläge sind vorübergehende Hindernisse, die mit Beharrlichkeit überwunden werden können.

Herausforderungen als Chancen annehmen

Betrachten Sie Herausforderungen nicht als Hindernisse, sondern als Chancen zur Entwicklung von Belastbarkeit und Problemlösungsfähigkeiten:

Aus Fehlern lernen: Jeder Rückschlag bietet eine Lektion. Analysieren Sie, was schief gelaufen ist, lernen Sie aus den Erfahrungen und nutzen Sie dieses Wissen, um zukünftige Bemühungen zu verbessern.

Anpassen und innovieren: Seien Sie flexibel und bereit, sich an neue Umstände anzupassen. Innovation entsteht oft aus der Notwendigkeit, Herausforderungen zu meistern. Gehen Sie daher Probleme mit Kreativität und Offenheit an.

Ressourcen und weiterführende Literatur

Empfohlene Bücher, Websites und Tools

Der kontinuierliche Ausbau Ihres Wissens und Ihrer Fähigkeiten ist von entscheidender Bedeutung. Hier sind einige Ressourcen zur Unterstützung Ihres kontinuierlichen Lernens und Ihrer Entwicklung:

Bücher:

„Mindset: Die neue Psychologie des Erfolgs" von Carol S. Dweck

„Die 7 Gewohnheiten hocheffektiver Menschen" von Stephen R. Covey

„Wie man Freunde gewinnt und Menschen beeinflusst" von Dale Carnegie

Websites:

Coursera (www.coursera.org) für Online-Kurse in verschiedenen Disziplinen

Khan Academy (www.khanacademy.org) für kostenlose Bildungsressourcen

LinkedIn Learning (www.linkedin.com/learning) für Kurse zur beruflichen Weiterentwicklung

Werkzeuge:

Evernote zum Notieren und Organisieren

Google Kalender für Zeitmanagement und Terminplanung

Trello für Projektmanagement und Zusammenarbeit

Support-Netzwerke und Community-Ressourcen

Der Aufbau eines starken Unterstützungsnetzwerks und die Nutzung von Community-Ressourcen können Ihre

College-Erfahrung und Ihre berufliche Entwicklung verbessern:

Campus-Ressourcen: Nutzen Sie die Karriere Dienste, Beratungsstellen, Nachhilfe Dienste und Studentenorganisationen Ihrer Hochschule.

Berufsverbände: Treten Sie relevanten Berufsverbänden bei, um auf Networking-Möglichkeiten, Branchennachrichten und Ressourcen zur Karriereentwicklung zuzugreifen.

Online-Communitys: Beteiligen Sie sich an Online-Foren, Social-Media-Gruppen und beruflichen Netzwerken, die Ihren Interessen und Karrierezielen entsprechen.

Denken Sie beim Abschluss dieses Leitfadens daran, dass der Weg zum Erfolg im College und darüber hinaus ein dynamischer und fortlaufender Prozess ist. Bleiben Sie motiviert, nehmen Sie Herausforderungen an und suchen Sie weiterhin nach Wachstums- und

Lernmöglichkeiten. Ihr Bekenntnis zu diesen Grundsätzen wird Ihnen nicht nur dabei helfen, Ihre akademischen und beruflichen Ziele zu erreichen, sondern Ihnen auch die nötige Belastbarkeit und Anpassungsfähigkeit verleihen, um in einer sich ständig verändernden Welt erfolgreich zu sein. Viel Glück auf Ihrem Weg zum Erfolg!

Anhänge

Beispielstudienplan

Die Erstellung eines strukturierten Studienplans kann Ihnen helfen, Ihre Zeit effektiv zu verwalten und den Überblick über Ihre Studienleistungen zu behalten. Hier ist ein Beispielstudienplan, der Ihnen als Orientierung dienen soll:

Montag

9:00 – 11:00 Uhr: Nehmen Sie am Unterricht teil

11:30 – 12:30 Uhr: Sehen Sie sich die Unterrichtsnotizen und Lesungen an

13:00 - 14:00 Uhr: Mittagspause

14:00 – 16:00 Uhr: Lerneinheit (Schwerpunkt auf schwierigen Themen)

16:30 – 18:00 Uhr: Gruppenstunden oder Projektarbeit

Dienstag

9:00 – 11:00 Uhr: Nehmen Sie am Unterricht teil

11:30 - 12:30 Uhr: Bibliotheksrecherche

13:00 - 14:00 Uhr: Mittagspause

14:00 – 16:00 Uhr: Lernsitzung (Überprüfung und Übungsaufgaben)

16:30 – 18:00 Uhr: Außerschulische Aktivitäten

Mittwoch

9:00 – 11:00 Uhr: Nehmen Sie am Unterricht teil

11:30 - 12:30 Uhr: Rückblick auf frühere Vorlesungen

13:00 - 14:00 Uhr: Mittagspause

14:00 – 16:00 Uhr: Besuch des Nachhilfezentrums

16:30 – 18:00 Uhr: Lerneinheit (Schwerpunkt auf bevorstehende Prüfungen)

Donnerstag

9:00 – 11:00 Uhr: Nehmen Sie am Unterricht teil

11:30 – 12:30 Uhr: Sehen Sie sich die Unterrichtsnotizen an

13:00 - 14:00 Uhr: Mittagspause

14:00 - 16:00 Uhr: Lerneinheit (Aufgaben schreiben)

16:30 – 18:00 Uhr: Außerschulische Aktivitäten

Freitag

9:00 – 11:00 Uhr: Nehmen Sie am Unterricht teil

11:30 - 12:30 Uhr: Bibliotheksrecherche

13:00 - 14:00 Uhr: Mittagspause

14:00 – 16:00 Uhr: Lernsitzung (Überprüfung und Übungsaufgaben)

16:30 – 18:00 Uhr: Freizeit oder Entspannung

Samstag

10:00 - 12:00 Uhr: Lernsitzung (Schwerpunkt auf Schwachstellen)

12:30 – 13:30 Uhr: Mittagspause

14:00 – 16:00 Uhr: Gruppenstunden oder Projektarbeit

16:30 – 18:00 Uhr: Notizen und Lesungen durchgehen

Sonntag

10:00 - 12:00 Uhr: Lernsitzung (Überprüfung des Wochen Materials)

12:30 – 13:30 Uhr: Mittagspause

14:00 – 16:00 Uhr: Planen Sie für die kommende Woche

16:30 – 18:00 Uhr: Entspannung und Freizeit

Arbeitsblätter zur Zielsetzung

Verwenden Sie diese Arbeitsblätter, um Ihre Ziele zu definieren und zu verfolgen:

Arbeitsblatt für kurzfristige Ziele

Ziel: _____

Schritte zum Erreichen des Ziels:

Frist: _____

Benötigte Ressourcen: _____

Fortschrittskontrolle:

Woche 1: _____

Woche 2: _____

Woche 3: _____

Arbeitsblatt für langfristige Ziele

Ziel: _____

Schritte zum Erreichen des Ziels:

Frist: _____

Benötigte Ressourcen: _____

Meilensteine:

Meilenstein 1: _____

Meilenstein 2: _____

Meilenstein 3: _____

Vorlagen für Praktika und Bewerbungen

Beispielvorlage für einen Lebenslauf

[Ihr Name] [Ihre Adresse] | [Ihre E-Mail] | [Deine Telefonnummer]

Ziel: Eine kurze Darstellung Ihrer beruflichen Ziele und Ihrer Ziele für die Stelle, auf die Sie sich bewerben.

Ausbildung:

[Abschluss], [Hauptfach]

[Universität], [Abschlussdatum]

Relevante Studienleistungen: [Kurs 1], [Kurs 2], [Kurs 3]

Erfahrung:

[Berufsbezeichnung], [Firmenname] – [Daten]

Hauptverantwortlichkeiten und Erfolge

Hauptverantwortlichkeiten und Erfolge

Fähigkeiten:

Technische Fähigkeiten

Soft Skills

Sprachen

Zertifizierungen:

Zertifizierung 1

Zertifizierung 2

Beispielvorlage für ein Anschreiben

[Ihr Name]
[Deine Adresse]
[Stadt (*) Bundesstaat (*) Postleitzahl]
[E-Mail-Adresse]
[Heutiges Datum]

[Name des Arbeitgebers]
[Firmenname]
[Firmenadresse]
[Stadt (*) Bundesstaat (*) Postleitzahl]

Sehr geehrter [Name des Arbeitgebers],

Ich schreibe Ihnen, um mein Interesse an der Position [Stellenbezeichnung] bei [Name des Unternehmens] zum Ausdruck zu bringen, die auf [Wo Sie die Stellenausschreibung gefunden haben] ausgeschrieben ist. Mit meinem Hintergrund in [Ihrem Hauptfach oder relevanten Fachgebiet] und meiner Erfahrung in [relevanten Erfahrungen oder Fähigkeiten] bin ich zuversichtlich, dass ich einen Beitrag zu Ihrem Team leisten kann.

[Absatz über Ihren Hintergrund, Ihre Ausbildung und relevante Erfahrung.]

Ich freue mich besonders über diese Gelegenheit, weil [Erklären Sie, warum Sie sich für die Stelle und das Unternehmen interessieren].

Vielen Dank, dass Sie meine Bewerbung berücksichtigt haben. Ich freue mich auf die Gelegenheit, diese spannende Gelegenheit mit Ihnen zu besprechen.

Aufrichtig,
[Ihr Name]

Liste nützlicher Apps und Tools

Zeiteinteilung:

Trello: Für Projektmanagement und Aufgabenverwaltung.

Google Kalender: Für Terminplanung und Erinnerungen.

Notizen:

Evernote: Für organisiertes Notieren.

Microsoft OneNote: Für eine umfassende Notiz-Organisation.

Lernhilfen:

Quizlet: Zum Erstellen und Lernen von Karteikarten.

Khan Akademie: Für zusätzliche Lernressourcen und Tutorials.

Produktivität:

Wald: Um konzentriert zu bleiben und die Zeit zu verwalten.

Pomodoro-Timer: Zur Umsetzung der Pomodoro-Technik.

Glossar der wichtigsten Begriffe

GPA (Notendurchschnitt): Ein Maß für die akademischen Leistungen eines Schülers, berechnet auf einer Skala (normalerweise 4,0 in den USA).

Praktikum: Eine befristete Stelle, die praktische Erfahrung in einem Studienbereich vermittelt.

Vernetzung: Aufbau von Beziehungen zu Fachleuten und Kollegen zum Austausch von Informationen und Möglichkeiten.

Wiederaufnehmen: Ein Dokument, das Ihre Ausbildung, Berufserfahrung und Fähigkeiten zusammengefasst.

Motivationsschreiben: Ein Brief mit einem Lebenslauf, in dem Sie sich vorstellen und Ihre Eignung für eine Stelle darlegen.

Kreditzeiten: Einheiten, die Bildungsleistungen messen, normalerweise basierend auf der Anzahl der Unterrichtsstunden pro Woche während eines Semesters.

Deans Liste: Eine Anerkennung akademischer Leistungen für Studierende, die während eines Semesters einen bestimmten GPA erreichen.

Voraussetzung: A Kurs oder Anforderung, die vor der Teilnahme an einem anderen Kurs abgeschlossen werden muss.

Lehrplan: Eine Übersicht über die Fächer eines Studien- oder Lehrgangs.

Transkript: Eine offizielle Aufzeichnung der akademischen Leistungen eines Studenten.

Diese Anhänge bieten praktische Werkzeuge und Ressourcen, die Ihnen helfen, im College und darüber hinaus erfolgreich zu sein. Nutzen Sie sie als Referenz und Leitfaden, um Ihren akademischen und beruflichen Weg zu bereichern.

Verweise

Bei der Erstellung von „How to Succeed in College: A Step-by-Step Guide to Achieving Academic and Career Goals" wurden verschiedene Quellen herangezogen, um genaue, zuverlässige und aktuelle Informationen bereitzustellen. Nachfolgend finden Sie eine Liste der im gesamten Buch zitierten Quellen sowie empfohlene weiterführende Lektüre und Ressourcen für diejenigen, die ihr Verständnis für die behandelten Themen vertiefen möchten.

Quellenangaben

Dweck, Carol S. Mindset: Die neue Psychologie des Erfolgs. Ballantine Books, 2006.

Dieses Buch diskutiert das Konzept einer Wachstums-Mentalität und ihre Bedeutung für den akademischen und persönlichen Erfolg.

Covey, Stephen R. Die 7 Gewohnheiten hochwirksamer Menschen: Kraftvolle Lektionen für persönliche Veränderung. Freie Presse, 1989.

Ein klassischer Leitfaden für persönliche und berufliche Effektivität, der die Bedeutung von Gewohnheiten und Prinzipien hervorhebt.

Carnegie, Dale. Wie man Freunde gewinnt und Menschen beeinflusst. Simon & Schuster, 1936.

Ein zeitloses Buch über effektive Kommunikations- und Beziehungsaufbaufähigkeiten.

Schwartz, Peter. Die Kunst des Weitblicks: Zukunftsplanung in einer unsicheren Welt. Währung, 1991.

Bietet Strategien für die langfristige Planung und Vorausschau, die für die Karriereplanung und Zielsetzung nützlich sind.

Duckworth, Angela. Grit: Die Kraft der Leidenschaft und Ausdauer. Scribner, 2016.

Erforscht die Rolle von Mut und Entschlossenheit beim Erreichen langfristiger Ziele.

Pauk, Walter und Ross J.Q. Owens. Wie man am College studiert. Cengage Learning, 2013.

Bietet praktische Ratschläge zu Lerntechniken und -gewohnheiten, die zum akademischen Erfolg beitragen.

Akademische Referenzen

Bandura, Albert. „Selbstwirksamkeit: Auf dem Weg zu einer einheitlichen Theorie der Verhaltensänderung." Psychological Review, vol. 84, Nr. 2, 1977, S. 191–215.

In diesem Artikel wird das Konzept der Selbstwirksamkeit und seine Auswirkungen auf Motivation und Lernen vorgestellt.

Tinto, Vincent. Das College verlassen: Überdenken der Ursachen und Heilmittel für Studenten - Abwanderung. University of Chicago Press, 1993.

Eine bahnbrechende Arbeit über die Bindung von Studenten und die Faktoren, die bei der Entscheidung der Studenten, am College zu bleiben oder sie zu verlassen, eine Rolle spielen.

Gardner, Howard. Geisteshaltung: Die Theorie der multiplen Intelligenzen. Grundlegende Bücher, 1983.

Schlägt die Theorie der multiplen Intelligenzen vor, die Auswirkungen auf personalisierte Lernstrategien hat.

Kolb, David A. Erfahrungslernen: Erfahrung als Quelle des Lernens und der Entwicklung. Prentice-Hall, 1984.

Erörtert das erfahrungsorientierte Lernmodell, bei dem das Lernen durch Erfahrung und Reflexion im Vordergrund steht.

Empfohlene weiterführende Literatur und Ressourcen

Bücher:

Sinek, Simon. Beginnen Sie mit dem Warum: Wie großartige Führungskräfte jeden zum Handeln inspirieren. Portfolio, 2009.

Untersucht, wie wichtig es ist, Ihren Zweck und Ihre Motivation für den Erfolg zu verstehen.

Newport, Cal. Deep Work: Regeln für gezielten Erfolg in einer abgelenkten Welt. Grand Central Publishing, 2016.

Bietet Strategien zur Erzielung tiefer Konzentration und Produktivität im akademischen und beruflichen Umfeld.

Heath, Chip und Dan Heath. Switch: Wie man Dinge ändert, wenn Veränderungen schwierig sind. Broadway Books, 2010.

Bespricht, wie erfolgreiche Verhaltensänderungen vorgenommen werden können, die für die Anpassung von Lerngewohnheiten und Karrierestrategien relevant sind.

Websites und Online-Ressourcen:

Coursera (www.coursera.org): Bietet eine große Auswahl an Online-Kursen von Top-Universitäten zu verschiedenen Themen.

Khan Academy (www.khanacademy.org): Bietet kostenlose Bildungsressourcen und Tutorials für Schüler jeden Alters.

LinkedIn Learning (www.linkedin.com/learning): Bietet Kurse zur beruflichen Weiterentwicklung in vielen Bereichen.

Support-Netzwerke und Community-Ressourcen:

National Association of Colleges and Employers (NACE) (www.naceweb.org): Bietet Ressourcen und Karriereberatung für Studenten und Absolventen.

American Psychological Association (APA) (www.apa.org): Bietet Ressourcen zu psychischer Gesundheit und Wohlbefinden.

Das Career Services Center Ihrer Universität bietet personalisierte Unterstützung, Ressourcen für die Jobsuche und Workshops zur beruflichen Weiterentwicklung.

Durch die Nutzung dieser Referenzen und Ressourcen können Sie Ihren akademischen Werdegang und Ihre berufliche Entwicklung weiter verbessern. Diese Materialien bieten wertvolle Einblicke und praktische Ratschläge, die Ihnen im Studium und darüber hinaus zum Erfolg verhelfen.